RECHERCHES HISTORIQUES

SUR

LA VIE, LE MARTYRE
ET LE CULTE DE SAINT GORGON

RECHERCHES HISTORIQUES

SUR

LA VIE, LE MARTYRE

ET

LE CULTE DE SAINT GORGON

HONORÉ

 A ANOR, AU DIOCÈSE DE CAMBRAI

Par l'abbé G...

LILLE
ERNEST VANACKERE, LIBRAIRE-ÉDITEUR
Grand'Place, 7
1855

AUTEURS CONSULTÉS :

Eusèbe (*histoire ecclésiastique*, livre 7e).
Fleury, (Id.   livre 8e).
Les Bollandistes (9 septembre).
Mabillon (année 765, IIIe siècle des Bénédictins).
Dom Lelong, bénédictin (*histoire du Diocèse de Laon*).
Archives de la paroisse d'Anor.

INTRODUCTION

La *Vie des Saints* est l'appendice de l'Evangile, car c'est l'Evangile en action. L'Evangile donne le précepte, trace la règle et montre le chemin de la vertu surnaturelle; la *Vie des Saints* en montre la facilité, les douceurs, la pratique et souvent l'héroïsme. Le précepte seul a des austérités et souvent révolte les passions ou les faiblesses de la pauvre humanité; la *Vie des Saints* adoucit toutes les rigueurs du commandement, aplanit toutes les difficultés et excite au bien par la force de l'exemple; elle fait sortir de son engourdissement le chrétien le plus lâche et lui fait dire comme autrefois à Augustin converti : « Ne pourrai-je donc point faire ce « qu'ont pu, par la grâce de Dieu, des hommes semblables à moi « et même de faibles femmes? »

En sorte que l'histoire des Saints n'est pas seulement une page pleine d'intéressants récits, elle est encore une grande et magnifique prédication, un chant de gloire à Dieu qui fait les saints et *qui se glorifie en leur assemblée*, l'honneur de la sainte Eglise catholique qui seule les produit et les porte au trône de Dieu. Aussi la lecture de la *Vie des Saints* a-t-elle, dans tous les siècles, converti bien des pécheurs, ramené bien des âmes égarées ou prévenues, à la pratique de la religion et enflammé d'une sainte ardeur pour le bien des cœurs tièdes ou lâches. C'est dans la *Vie des Saints* que sainte Thérèse, saint Boniface de Mayence et tant d'autres, puisèrent le désir qu'ils eurent de répandre leur sang pour Jésus-Christ; c'est là que saint François d'Assise, saint Antonin, saint Thomas d'Aquin, etc., trouvaient leur zèle ardent pour la perfection évangélique. Saint Augustin parle dans ses confessions de deux officiers qui se convertirent en lisant la vie de saint Antoine, renoncèrent au monde et devinrent de fervents religieux. Au rapport de l'historien Fleury, un seigneur libertin, nommé Jean Colombin, se convertit pour avoir lu par hasard la vie de sainte Marie d'Egypte. Palafox, évêque d'Osma, rapporte la conversion éclatante d'un ministre protestant de Brême que la lecture de la vie admirable de sainte Thérèse toucha et éclaira au point qu'il rentra dans la religion catholique, en sacrifiant une belle position, et y vécut toujours depuis d'une manière édifiante. Scaliger raconte qu'il ne se possédait plus quand il lisait les actes des saints martyrs, c'est qu'en effet il est impossible de ne pas admirer la vertu des Saints et surtout le courage étonnant des Martyrs, leur détachement, leur mépris de la vie; impossible de ne pas se dire qu'il y avait donc quelque chose de divin qui les animait; impossible de ne pas rougir de sa lâcheté; impossible de ne pas devenir meilleur.

C'est pour produire ces précieux effets au sein d'une population que nous affectionnons de toute la force de notre âme que nous avons résolu de tirer de l'obscurité ou de faire mieux connaître un saint martyr dont le culte, célèbre autrefois à Rome, à Metz et à Gorze en France, à Minden en Wetsphalie, se continue heureusement à l'extrémité du diocèse de Cambrai, au canton de Trélon, à Anor, où une belle chapelle élevée à sa gloire attire toute l'année, mais surtout pendant l'octave de sa fête, de très-nombreux pèlerins de la Belgique, du Nord, de l'Aisne, des Ardennes et de plusieurs autres départements français; nous voulons parler de l'illustre martyr de Nicomédie, saint Gorgon.

Or, afin de ne pas nous écarter, dans cette notice, de la plus sévère vérité historique, tout en lui laissant ses traits émouvants, nous avons suivi les auteurs les plus savants et les plus avoués en cette matière, à savoir : le docte Mabillon et les illustres continuateurs de Bollandus, et nous avons soumis notre écrit à Mgr l'Archevêque de Cambrai; puissent ceux qui le liront être animés des mêmes sentiments qui nous l'ont inspiré, aimer Dieu de tout leur cœur, avoir une grande confiance en saint Gorgon, le prier souvent, méditer ses vertus, *afin que considérant la fin de sa vie ils imitent sa foi.* (Hébreux XIII.)

RECHERCHES HISTORIQUES

SUR

LA VIE, LE MARTYRE

ET LE CULTE DE SAINT GORGON

CHAPITRE Ier

Première année de saint Gorgon. — Etat de la religion. — Il devient chambellan de l'empereur Dioclétien. — Ses vertus, son zèle pour la foi chrétienne.

L'histoire ne nous a rien conservé ni de la famille, ni de la patrie, ni de l'époque précise de la naissance, ni des premières années de saint Gorgon. Le Dieu qui, pendant trente années, voulut vivre dans l'obscurité, tient souvent cachées au monde qui n'en est point digne des vertus merveilleuses qui seront glorifiées au grand jour des révélations, alors qu'une éternelle confusion couvrira peut-être ceux dont la vie a été écrite dans ses plus minutieux détails.

Au silence de l'histoire sur la vie de notre saint, quelques auteurs et à leur suite Alban-Butler sont venus ajouter des incertitudes sur l'idendité du saint martyr de Nicomédie et du saint Gorgon honoré à Rome, et dont nous possédons les reliques. Ils avaient cru devoir reconnaître deux saints du même nom, en sorte que écrire la vie du saint que nous honorons devenait une difficulté presque insurmontable.

Heureusement les autorités les plus graves viennent nous rassurer sur la question d'identité ; l'ancien martyrologe romain, le martyrologe d'Adon et d'Usuard, au IXe siècle, édité par Rosweide, le martyrologe romain réformé au XVIe siècle, par le pape Grégoire XIII, le bréviaire romain, enfin le savant bénédictin Mabillon et les Bollandistes, nous affirment que le saint Gorgon dont les reliques sont à Rome est bien le même que celui qui fut martyrisé à Nicomédie d'où son corps fut transporté en Italie, près de Rome d'abord, puis dans Rome même. Voici du reste les propres paroles du martyrologe romain :
« A Nicomédie, le martyre des saints Dorothée et Gorgon que
« Dioclétien avait élevés aux premières dignités de l'empire...
« dans la suite des temps, le corps de saint Gorgon fut porté à
« Rome et enterré sur la voie latine d'où on le transféra dans
« l'église de Saint-Pierre. » L'ancien martyrologe s'exprime dans les mêmes termes et ajoute que « le martyre de ces saints
« eut lieu le 5 des ides (le 9) de septembre 303, la XIXe année
« du règne de Dioclétien. » Si les historiens ecclésiastiques du IVe et Ve siècle, Lactance, Eusèbe et Ruffin, ne parlent que du martyre sans parler de la translation des reliques, c'est que devant parler d'un si grand nombre de martyrs, il ne leur était pas possible de faire l'historique du culte qui fut rendu à chacun ; cela n'appartenait qu'aux historiens spéciaux, pour nous, c'est donc un fait acquis à l'histoire que notre saint Gorgon fut

martyrisé à Nicomédie et qu'après sa mort son corps fut transporté à Rome pour y être honoré. Étudions maintenant sa vie sainte.

Saint Gorgon naquit probablement à Rome vers l'année 265 de Jésus-Christ, sous le règne de l'empereur Gallien, et sous le pontificat du pape saint Denys. Un très-ancien manuscrit du musée des Bollandistes affirme que sa famille appartenait à la première noblesse, qu'elle fit donner à Gorgon une éducation brillante qui lui permit d'être reçu au palais impérial parmi les jeunes gens de distinction que l'on destinait aux grandes administrations de l'empire. Quoiqu'il en soit, nous retrouverons bientôt saint Gorgon à l'un des postes les plus élevés et les plus enviés au palais même d'un empereur qui en fera son favori.

Au moment où naquit notre saint, l'Église chrétienne respirait un peu après avoir traversé quatre années sanglantes de la huitième persécution générale décrétée par l'empereur Valérien. Cette persécution avait fait des milliers de martyrs parmi lesquels d'illustres victimes, telles que saint Cyprien de Carthage, les deux papes saint Étienne et saint Sixte, le diacre saint Laurent, saint Denys de Paris, etc. Dieu était venu au secours de sa sainte Église en permettant que son persécuteur fût vaincu par Sapor, roi des Perses, qui le fit écorcher vif. Malgré cette persécution cruelle, le nombre des fidèles n'avait fait que s'accroître; le sang des martyrs avait été comme une semence de chrétiens tous prêts à tout souffrir pour Jésus-Christ.

Ce repos accordé à l'Église ne fut pas de longue durée, car Gorgon était à peine âgé de dix ans que l'empereur Aurélien décréta, en 275, la neuvième persécution générale contre les chrétiens qu'il fit périr en grand nombre dans toute l'étendue de l'empire. Ses sanglants édits donnèrent la couronne du martyr au pape saint Félix I. Dieu frappa bientôt le tyran qui périt assassiné dans la même année. Après la mort d'Aurélien, l'Église aurait pu jouir de vingt-huit années de tranquillité si ces lois cruelles avaient été solennellement révoquées; mais comme on les laissait subsister pour épouvanter les chrétiens, les caprices d'un gouverneur suffisaient pour les envoyer à la mort. C'est ainsi que saint Sébastien fut martyrisé à Rome par les ordres du Préfet, et qu'en 286 le barbare empereur Maximien fit massacrer la légion thébéenne commandée par saint Maurice, et composée de 6,600 soldats chrétiens, qui avaient refusé d'assister aux sacrifices offerts aux idoles.

On le voit, à l'époque où Gorgon devenait un homme, il fallait beaucoup de foi, beaucoup de vertu, beaucoup de courage pour être chrétien et surtout pour le paraître, puisqu'il fallait être disposé à tout sacrifier même la vie. Gorgon eut cette vertu, cette foi vive, ce courage magnanime; sa grande âme ambitionna l'honneur de se ranger parmi ceux qui étaient opprimés pour la cause de la justice et pour les saintes lois du Seigneur ; il fut chrétien fervent, zélé, publiquement, même au milieu du palais des empereurs païens ! Quelle leçon pour nos tièdes chrétiens ! mais reprenons la suite de la vie de notre saint.

Les précieuses qualités de l'esprit et du cœur de Gorgon n'avaient pas tardé à le faire distinguer entre tous, et ses maîtres lui prédisaient la plus brillante carrière que son humilité n'ambitionnait pas. Aussi, à l'avènement de Dioclétien à l'empire, en 284 de Jésus-Christ, Gorgon eut une charge importante au palais, et il s'en acquitta avec tant de bonheur qu'il réussit à gagner entièrement les bonnes grâces de l'empereur, ce qui n'était pas facile à un chrétien d'alors. Dioclétien admira tellement son mérite et s'affectionna tellement à lui, que successivement il l'éleva aux premières dignités de l'empire, le créa officier du palais et chambellan de la chambre impériale sous les ordres d'un autre courageux chrétien, qui lui aussi sera martyr de sa foi, c'était saint Dorothée. Ces dignités étaient d'autant plus importantes et plus enviées qu'elles étaient une preuve de la haute faveur du souverain, auprès de qui elles donnaient un continuel et facile accès.

D'autres se seraient enorgueillis de cette magnifique position et en auraient profité pour s'enrichir eux et leur famille ; telles ne furent point les pensées de Gorgon, chrétien généreux, il ne songea à se servir de sa dignité que pour donner de plus haut l'exemple de toutes les vertus, que pour favoriser la sainte Religion et gagner à Jésus-Christ tous ceux sur qui il pourrait exercer sa douce influence; il eut le bonheur de rencontrer au palais un officier supérieur d'une rare vertu et animé comme lui d'un saint zèle pour la conversion des idolâtres, c'était le premier chambellan Dorothée, avec qui il se lia de la plus vive amitié; sainte amitié formée par Dieu, inspirée par la piété et dont les effets devaient être si précieux devant le Seigneur!

Avec son saint ami, Gorgon se mit à pratiquer ostensiblement non-seulement les devoirs nécessaires de la vie chrétienne, mais encore les exercices de la plus pure piété dans le palais même d'un empereur idolâtre, il se souvenait que Jésus-Christ a dit : « Celui qui aura rougi de moi devant les hommes, je rougirai « de lui devant mon Père qui est au ciel. » Il se mit même à instruire tous les officiers du palais dans la religion de Jésus-Christ, et il réussit à les changer presque tous en chrétiens fervents! Tel est l'empire de la vertu et du zèle religieux sur des cœurs qui n'ont pas résolu de s'endurcir toujours et quand même; la grâce les touche et les convertit pendant que la douce lumière de la vérité les éclaire. Voici comment un auteur du xe siècle décrit les heureux effets des instructions et des bons exemples de saint Gorgon au palais impérial de Nicomédie[*] où Dioclétien tenait sa cour en l'année 302 de Jésus-Christ :

« Or le propre palais de Dioclétien était alors rempli d'officiers « chrétiens qui se faisaient courageusement les témoins et les « prédicateurs de la vérité, presque tous ses chambellans étaient « chrétiens; Gorgon et Dorothée étaient comme deux grandes

[*] Nicomédie, aujourd'hui Isnikmid, ville de l'Asie-Mineure dans l'Anatolie, sur la mer de Marmara, à vingt lieues environ de Constantinople.

« lumières au milieu de tous les autres qu'ils exhortaient sans
« cesse à demeurer fermes et généreux dans leur foi, ils priaient
« ensemble, s'animaient à la vertu, à l'amour de Dieu, à la
« persévérance, répétant sans cesse cette parole du psaume :
« Qu'il est bon, qu'il est doux d'habiter ensemble comme des
« frères!... » (Bollandus).

Ce spectacle ravissant toucha le cœur de l'impératrice Prisca et de sa fille Valeria qui elles-mêmes se firent chrétiennes. Leur exemple et leur autorité donnèrent un haut rang aux évêques, dans les provinces; les églises ne suffisaient plus à la multitude des convertis; on en bâtissait de nouvelles sous les yeux de l'empereur, et saint Antoine, l'ermite, voyait venir à lui une foule de saints religieux, peupler sa thébaïde, tout ce bien était dû en grande partie à l'influence de notre saint; le démon en fut jaloux, il voulut le détruire.

CHAPITRE II

Dixième et terrible persécution générale contre les chrétiens. — Courage de saint Gorgon. — Dioclétien le fait jeter en prison.

En l'année 302, le césar Galérius Maximien ayant vaincu les Perses, vint aussi à Nicomédie. Il était irrité contre les chrétiens parce qu'ils refusaient d'assister aux sacrifices qu'il offrait aux idoles et sa haine était excitée par sa mère extrêmement attachée au culte des faux-dieux. Pour satisfaire cette haine féroce, il engagea Dioclétien à persécuter les chrétiens dont la présence, disait-il, rendait muets les oracles des dieux de l'empire et surtout d'Apollon de Mélet, que le vieil empereur avait fait consulter.

En conséquence, Dioclétien publia contre les chrétiens deux édits de persécution; le premier portait que les saintes Écritures seraient brûlées et toutes les églises rasées, que les chrétiens seraient privés de tout honneur et de toute dignité, qu'ils seraient appliqués aux tortures s'ils s'obstinaient, et qu'ils n'auraient aucune action en justice pour se plaindre des injures qu'on leur aurait faites; le second édit portait que tous les évêques seraient immédiatement pris, mis aux fers et contraints à sacrifier aux idoles sous peine de mort ! Un chrétien ayant poussé la hardiesse jusqu'à déchirer publiquement le premier de ces édits fut brûlé vif après avoir été tourmenté en toutes manières.

Galère n'était pas encore satisfait de ces édits ; il voulait une persécution plus cruelle. Pour y exciter Dioclétien, il fit deux fois mettre le feu au palais impérial et il eut l'impudence d'en accuser les chrétiens comme ennemis publics, puis il se sauva dans la crainte, disait-il, d'être brûlé au palais, il n'en fallait pas tant pour exciter à la persécution Dioclétien qui lança immédiatement l'ordre de tourmenter tous les chrétiens et de les faire périr par tous les supplices possibles s'ils refusaient de sacrifier aux idoles; c'est ici surtout que commence l'*ère Dioclétienne des martyrs*, qui dura près de dix ans et fit périr plusieurs millions de chrétiens courageux dans des tourments inouïs.

« C'était un spectacle pitoyable, dit Fleury ; on voyait partout
« les prisons remplies non plus d'homicides et de scélérats,
« mais d'évêques, de prêtres, de diacres, de lecteurs et d'exor-
« cistes ; il n'y restait plus de place pour les malfaiteurs !... La
« Syrie, la Palestine, l'Afrique, la Mauritanie, l'Egypte, furent
« inondées du sang des martyrs. A Tyr, plusieurs chrétiens,
« après avoir été déchirés de coups, furent exposés à des léopards,
« des ours et des sangliers, que l'on excitait avec le fer et le
« feu. A Antioche, on tourmentait même les enfants chrétiens,
« et l'on vit une mère héroïque porter son cher Barulas,
« un enfant de sept ans, et le présenter au bourreau pour être
« décapité !...

« En Egypte, une infinité d'hommes, de femmes et d'enfants
« moururent en diverses manières ; les uns, après avoir souffert
« les dents de fer, les fouets et les tortures, furent brûlés ;
« d'autres noyés dans la mer, d'autres eurent la tête tranchée, d'au-
« tres moururent dans les tourments, d'autres moururent de faim,
« d'autres furent crucifiés, les uns à l'ordinaire comme les malfai-
« teurs, les autres cloués la tête en bas et on les gardait jusqu'à ce

« qu'ils mourussent de faim sur leurs poteaux. En Thébaïde, on
« exerçait des cruautés incroyables, au lieu d'ongles de fer on se
« servait de pots cassés pour déchirer les martyrs par tout le corps
« jusqu'à ce qu'ils expirassent. On attachait des hommes et des
« femmes par un pied et on les élevait ainsi en l'air à l'aide de
« machines, en sorte qu'ils demeuraient pendus la tête en bas,
« entièrement nus, donnant un spectacle également honteux et
« cruel. Il y avait des hommes que l'on liait par les jambes à de
« grosses branches de deux arbres, que l'on avait rapprochées,
« puis on les lâchait pour reprendre leur position naturelle, et
« en se redressant elles démembraient les martyrs!

« A Alexandrie d'Égypte, dit Eusèbe, il était permis à tout
« le monde de maltraiter les chrétiens; on se servait de tout
« pour les frapper, de gros bâtons, de fouets, de lanières, de
« cordes; on liait aux uns les mains derrière le dos, puis on les
« attachait au poteau, et on les étendait avec des machines,
« ensuite on leur déchirait avec des ongles de fer non-seulement
« les côtés, mais le ventre, les jambes et les joues, d'autres étaient
« pendus par une main, d'autres liés à des colonnes contre le visage
« sans que leurs pieds touchassent à terre; à d'autres les os étaient
« déboîtés et les membres disloqués à l'aide d'entraves et d'instru-
« ments de tortures. Il y eut à Alexandrie de Syrie des martyrs
« à qui on coupa le nez, les oreilles et les mains, puis on mettait
« le reste du corps en pièces. A Antioche, on en grilla plusieurs
« pour les faire souffrir plus longtemps; d'autres aimèrent
« mieux laisser brûler leur main droite que de toucher aux
« sacrifices profanes!

« En Mésopotamie, on pendait les martyrs par les pieds, la
« tête dans le feu; en Arabie, on les tuait à coups de cognées;
« en Cappadoce, on leur brisait les jambes; dans la province du
« Pont, on leur fichait sous les ongles des roseaux pointus, à
« d'autres on répandait sur le dos du plomb fondu qu'on leur
« versait parfois dans la bouche et on leur faisait souffrir des
« tourments si infâmes qu'il n'est même pas possible de les
« exprimer. Les juges s'étudiaient à trouver des inventions

« nouvelles de supplices comme s'ils eussent combattu pour
« gagner un prix.

« En Phrygie, on mit le feu à une petite ville toute remplie
« de chrétiens qui furent tous brûlés en confessant Jésus-Christ,
« hommes, femmes et enfants!... Et ces cruautés ne durèrent
« pas peu de temps; mais, pendant les années entières, on en
« faisait mourir par jour tantôt soixante, tantôt cent avec leurs
« femmes et leurs enfants tout petits. Souvent le fer était
« émoussé à force d'avoir coupé des têtes, et les bourreaux
« fatigués se relayaient les uns les autres; alors on recourait
« aux noyades et on jetait en masse les chrétiens à la mer! »

(Fleury, *Hist. Ecclés.* liv. 8e.)

On aurait peine à croire à tant de barbarie si nous n'avions pour garants et les auteurs contemporains les plus dignes de foi, Lactance et Eusèbe, et toute l'antiquité religieuse, et tous les historiens ecclésiastiques. L'Orient et l'Occident étaient alors ravagés par trois monstres à figure humaine, Dioclétien, Maximien-Galère et Maximien-Hercule, et ces monstres osaient même se vanter de leurs cruautés, car ils firent frapper une médaille avec cette inscription : « *En mémoire de l'abolition du nom de chrétien.* »

Nous sommes entré dans le détail authentique de ces horreurs, pour donner à nos amis un grand exemple dans la foi et le courage invincible des martyrs, pour leur rappeler la divinité de notre sainte religion que Dieu seul a pu conserver à travers tant de sang répandu, et pour leur montrer la magnanimité de Gorgon, demeurant chrétien au palais du tyran qui ordonnait toutes ces barbaries.

C'est au commencement de l'année 303 que commença tout ce carnage, par la démolition de l'église de Nicomédie, le 23 février, fête des Terminales, le dernier jour de l'année romaine. En ce jour-là Dioclétien fit apostasier sa femme Prisca et sa fille Valéria qui eurent la faiblesse de sacrifier aux idoles: on étala partout des instruments de supplices, et un grand nombre de chrétiens furent mis à mort. On organisa contre les chrétiens l'inquisition la plus révoltante, l'espionnage le plus odieux, on soudoya les dénonciations les plus infâmes, et l'on vit le frère dénoncer son frère et le père livrer son enfant! *Tu m'as l'air d'être chrétien*, disait le juge, et cela suffisait pour être envoyé au supplice!... On croyait plaire au tyran en allant à la chasse des chrétiens, en les pillant, en les massacrant; les payens se jetaient dans les maisons des chrétiens et enlevaient tout sans que l'on osât leur résister, aussi la terreur était telle que les chrétiens n'osaient plus paraître en public, la plupart se retiraient dans les déserts et se cachaient dans des cavernes, vivant d'herbes sauvages; un grand nombre moururent de faim, les autres revenaient se faire pendre!

L'odeur du sang chrétien enivra Dioclétien, comme le tigre devient furieux quand il a senti l'odeur du carnage, sa cruauté devint de la rage et il voulut lui-même se donner le plaisir de condamner les chrétiens et présider à leurs supplices; en conséquence, dans les premiers jours de septembre de la même année 303, il fait dresser son tribunal dans la salle consistoriale de son palais, et comparaître devant lui les chrétiens que l'on avait jetés dans les fers et dans les cachots; entouré de sa cour militaire pour inspirer plus de respect ou de terreur, il ordonne aux chrétiens de renoncer à Jésus-Christ et d'adorer, en leur offrant de l'encens, les statues de ses faux-dieux; s'ils refusent d'obéir à l'instant, les plus affreux tourments leur sont réservés. Mais tous ces nobles chrétiens rejettent avec indignation cette proposition d'apostasie, ils ne voudraient pas conserver la vie du corps aux dépens de la vie de l'âme, aux dépens de leur foi, ils méprisent ces prétendus dieux, ouvrages de la main des hommes, et déclarent qu'ils ne les adoreront jamais! « Toute notre espé« rance est dans le Seigneur, s'écrient-ils tout d'une voix; les « dieux des nations sont les démons; nous n'adorons que le « Seigneur qui a créé les Cieux!... » Gorgon, qui était présent, se mit à bénir Dieu en entendant ces belles paroles, et du geste et du regard encourageait ces généreux confesseurs.

A ces mots, Dioclétien, furieux, ne se possède plus ; il fait à l'instant préparer les nerfs de bœufs, les chevalets, les fouets armés de plomb et de pointes aiguës, les ongles de fer, et, avec ces instruments barbares, déchirer impitoyablement les corps des chrétiens. Pierre, un des principaux athlètes du christianisme à Nicomédie, ayant résisté au tyran avec plus de constance que les autres, fut élevé nu en l'air et fouetté par tout le corps. Comme on l'avait déchiré jusqu'à lui découvrir les os sans parvenir à ébranler sa foi, on mit du sel et du vinaigre dans ses plaies, on apporta un gril et du feu et on le fit rôtir comme les viandes que l'on veut manger, lui déclarant qu'il ne sortirait point de cet état s'il ne voulait obéir : il demeura ferme et mourut dans ce tourment.

C'était trop de barbarie pour les chambellans chrétiens, obligés par leurs fonctions d'assister à ces exécutions. Le sang innocent coulait sous leurs yeux, le sang de leurs frères ; comment ne se seraient-ils point indignés ? Gorgon surtout, l'intrépide Gorgon ne peut se contenir davantage, il se lève devant l'assemblée, et s'adressant à l'empereur : « Pourquoi donc, lui
« dit-il, punir en ces chrétiens, d'une manière par trop cruelle
« et trop barbare, la foi religieuse que nous avons tous, nous,
« vos officiers et vos chambellans ? Pourquoi leur faire un crime
« de ce que nous confessons tous si fermement ? Leur religion,
« c'est notre religion ; leur foi, c'est notre foi ; leur culte, c'est
« notre culte ; leur espérance, c'est notre espérance ; leurs sen-
« timents, ce sont nos sentiments !... Empereur, jusqu'ici nous
« vous avons servi ici et ailleurs, mais c'est assez !... Nous
« voulons désormais servir exclusivement le Créateur. Nous
« étions vos serviteurs, permettez que nous soyons les servi-
« teurs du Dieu que vous persécutez !... Reprenez ces insignes
« dont vous nous aviez décorés ; reprenez les honneurs que
« vous nous aviez décernés ; nous voulons suivre le seul vrai et
« grand roi J.-C. !... Et maintenant, ô majesté infortunée !
« comme dernière marque de l'intérêt que nous vous avons
« porté, nous vous conjurons, par votre honneur et par votre

« âme, de vous repentir de vos barbares folies !.... Ces supplices
» que vous infligez aux serviteurs de Dieu ne sont rien parce
» qu'ils passent, et les chrétiens les méprisent ; mais les
» supplices qui vous attendent seront sans fin, ils seront
» éternels ! »

Il serait impossible de décrire la fureur de Dioclétien en entendant ces paroles courageuses de la bouche d'un homme qui avait été élevé au palais, honoré d'une haute dignité, qui possédait son estime et sa confiance !... S'il n'eût écouté que son caractère emporté, il eût fait immédiatement mettre en pièces l'audacieux Gorgon, il se contint néanmoins : la noblesse de son chambellan, sa famille, son éducation distinguée, ses vertus, ses dignités, ses services, toutes ces considérations engagèrent Dioclétien à dissimuler et à tâcher de gagner par des flatteries celui que la vue des supplices n'effrayait pas. Il prit donc en particulier Gorgon et son ami Dorothée, et les engagea à renoncer en J.-C., en faisant briller à leurs yeux les dignités nouvelles auxquelles il les élèverait s'ils voulaient cesser d'être chrétiens. Mais ces hommes généreux, soupirant intérieurement vers le ciel, disaient à Dieu : « Seigneur ! que votre miséricorde s'affermisse sur nous selon l'espérance que nous avons en vous !... Puis, s'adressant à l'empereur : « Majesté, lui dit « Gorgon, ne vous faites point illusion, nous n'abandonnerons « point la vérité divine ; jamais nous ne trahirons le Dieu qui « a reçu nos serments de fidélité !... Vous nous proposez des « honneurs temporels, et vous oubliez la noblesse immortelle « de l'âme ! Vous ne pensez pas aux dignités éternelles parce « que vous les ignorez. Vos belles promesses ne nous touchent « pas : nous ne désirons rien ici-bas ! et vos menaces ne nous « font point peur : nous ne craignons rien que le péché ! Le « Dieu qui promet son trône éternel à ses serviteurs fidèles ne « nous abandonnera pas, jamais, nulle part ! »

Ne pouvant ébranler leur fidélité à Dieu, Dioclétien les fit charger de fers et jeter dans un cachot ténébreux, en attendant le sort terrible qu'il leur réservait.

CHAPITRE III

Saint Gorgon au tribunal de Dioclétien. — Il est condamné à être battu de verges, puis à être brûlé vif. — Son courage surhumain. — Sa mort. — Barbarie de Dioclétien.

Le lendemain Dioclétien fit entourer son tribunal d'un appareil formidable. Tous les instruments de supplice y étaient rassemblés, et un grand nombre de bourreaux menaçants étaient là tout près à servir la cruauté du persécuteur de la foi. Gorgon et Dorothée ayant été amenés, les mains chargées de chaînes, l'empereur les somma de renier leur religion s'ils voulaient éviter une mort affreuse et monter à de nouveaux honneurs. « Réfléchissez donc sérieusement, leur dit-il, et
« n'allez pas follement quitter une belle vie pour le Crucifié!...
« Songez à votre noblesse, ayez souci de votre vie!... Il dépend
« de vous de vivre couverts de gloire ou de mourir honteuse-
« ment. Si vous persistez en cette folie chrétienne, je vengerai

— 22 —

« dans votre sang le mépris que vous faites de mes dieux, et
« votre supplice sera le plus affreux possible. Mais si vous
« m'obéissez, vous serez élevés aux plus hautes dignités de
« l'empire!... »

Ce langage avait de quoi séduire une âme ambitieuse, de quoi aussi frapper de terreur un cœur pusillanime, un homme désireux de vivre : et que de chrétiens placés en ces circonstances terribles deviendraient peut-être apostats !... Mais Gorgon, ayant levé les yeux au ciel, prend aussitôt la parole :

« Empereur, dit-il, vos paroles sont les paroles du démon tentateur
« dont vous faites les œuvres !... Nous méprisons les honneurs
« de la terre, ceux surtout qu'il faudrait acheter aux dépens de
« notre âme. J.-C., qui nous a appelés à la foi, nous a, par sa
« grâce, fortifiés contre les tourments : nous ne les craignons
« pas ! Quels qu'ils soient, ils finiront bien vite ; mais les
« récompenses promises à nos travaux et à nos souffrances ne
« finiront jamais ! Je vois J.-C. qui se tient auprès de la porte
« du ciel pour nous ouvrir l'entrée éternelle !... »

Le tyran, furieux, les fait aussitôt appliquer à la torture, dépouiller de leurs vêtements, suspendre en l'air et déchirer tout le corps avec des verges de fer et des peignes et ongles d'acier, de manière à mettre à nu leurs os et leurs intestins ; puis, afin de rendre leur douleur plus vive, il ordonne que l'on jette dans leurs plaies saignantes du vinaigre et des poignées de sel ! Mais, ô courage étonnant ! les saints martyrs conservent un visage riant, malgré leurs souffrances atroces, ils soupiraient vers Dieu, et ils disaient ensemble : « Nous vous rendons
« grâces, Seigneur J.-C., de la force que vous nous donnez
« pour souffrir ces tourments : nous soupirons vers vous de
« tout notre cœur parce que nous espérons vous voir bientôt !...
« La vie temporelle que nous vous sacrifions n'est qu'une
« immense misère, une longue mort ; votre vision, qui rend
« les anges bienheureux, sera bientôt notre éternelle vie, notre
« éternelle béatitude !...... » Quel courage et quelle foi !

Ce calme, cette sainte joie des généreux confesseurs excite

au plus haut degré la fureur de Dioclétien, qui se croit insulté ou vaincu. Il anime les bourreaux, il accuse leur mollesse à tourmenter leurs victimes... Le malheureux! il ne comprend pas que Dieu lui-même soutient et console ses martyrs! Il ne comprend pas que l'exemple de Jésus crucifié donne aux vrais chrétiens un courage invincible et comme une soif insatiable de souffrances!... Tout persécuteur qu'il soit, il devrait, du moins, admirer de tels hommes et rougir d'avoir attenté à l'honneur de leur foi, qui leur inspire un tel héroïsme..... mais l'homme furieux n'a plus ni intelligence ni cœur!... Voyez: il ordonne de coucher Gorgon et Dorothée sur un gril rougi et posé sur des charbons ardents, afin de consumer lentement leurs corps!... En cet affreux supplice, les saints martyrs regardent le ciel et ils disent à Dieu: « Gloire à vous, Seigneur, « qui voulez bien nous recevoir comme des hosties vivantes!... « Seigneur, que la fumée de notre sacrifice monte en la pré- « sence de votre divine majesté comme une odeur qui vous soit « agréable!... Qu'elle nous réconcilie avec vous, qu'elle nous « ouvre le paradis et qu'elle nous associe à la bienheureuse « Eglise de vos amis dont nous imitons les souffrances!... Bien- « heureux, ô Dieu! ceux qui habitent en votre maison; car ils « vous loueront aux siècles des siècles!..... »

Cependant la chair des martyrs se consumait lentement; la douleur devenait intolérable; Gorgon craignant d'y succomber s'adresse à Dieu, et dans un élan de foi énergique: « Seigneur, « s'écrie-t-il, souvenez-vous de notre fragilité! souvenez-vous « de votre miséricorde!... Aidez-nous à souffrir pour vous!... « Tendez-nous la main et protégez-nous contre le démon « tentateur!... Levez-vous, ô mon Dieu! et secourez-nous à « cause de votre nom!... » O prodige! à peine Gorgon a-t-il achevé sa prière que subitement les charbons s'éteignent, le gril se refroidit, la douleur des martyrs cesse entièrement, leurs plaies se ferment!... La joie la plus pure brille dans leurs yeux, leur visage devient radieux et brillant de gloire; il semble qu'ils reposent sur un lit de fleurs!. les spectateurs sont frappés

d'étonnement : les uns admirent la puissance du Dieu des chrétiens, les autres, payens endurcis, attribuent cette merveille à quelque pouvoir magique, les insensés !...... Cependant les martyrs remerciaient le Seigneur : « Soyez béni, grand
« Dieu ! vous nous sauvez comme les enfants dans la four-
« naise !... Soyez béni ! vous rendez inutile la rage de nos per-
« sécuteurs, vous confondez nos ennemis !... Oui ! qu'ils soient
« toujours confondus ceux qui commettent l'iniquité, et tou-
« jours sauvés ceux qui espèrent en vous ! Oh ! qu'il est mieux
« d'espérer en vous, ô Dieu ! que de mettre sa confiance dans
« les princes du monde. »

Dioclétien est un instant confondu ; il paraît hésiter ; on dirait qu'il rend hommage au pouvoir de la prière chrétienne qui obtient de Dieu des effets si prodigieux. Mais il revient bientôt à son endurcissement : il est furieux de voir sa cruauté au-dessous du courage de ces généreux chrétiens. Désespérant de vaincre leur foi et voulant en finir, il les condamne à être étranglés et pendus, comme coupables d'impiété envers ses dieux et de désobéissance à l'empereur ; en conséquence, Gorgon et Dorothée sont retirés de leur gril et transportés au lieu ordinaire des exécutions. Avant de se livrer au bourreau, Gorgon adresse à Dieu cette admirable prière : « Grâces et
« gloire à vous, Seigneur J.-C., qui nous avez fortifiés jusqu'à
« cette heure !..... Oh ! comme nous soupirons vers vous !....
« Comme nous désirons voir la gloire de votre majesté !... don-
« nez-nous de bien consommer notre pénible course !... Sei-
« gneur Jésus, nous remettons notre âme en vos mains ! » Les saints martyrs donnèrent alors en riant le baiser de paix aux chrétiens présents, qu'ils engagèrent à persévérer dans la sainte religion, puis ils se livrèrent joyeusement aux bourreaux qui les étranglèrent pendant qu'ils regardaient le ciel.

La rage du tyran ne fut pas assouvie par la mort si affreuse de ses deux chambellans : un manuscrit du neuvième siècle cité par Suysken affirme que Dioclétien donna ordre de jeter leurs cadavres aux bêtes. Eusèbe, historien du quatrième siècle, raconte que l'empereur ordonna de les jeter à la mer. Il craignait, dit Eusèbe, que les chrétiens les adorassent comme des dieux. C'était une erreur des païens de croire que le culte de vénération que nous accordons aux reliques des saints ne diffère pas du culte d'adoration qui n'est dû qu'à Dieu. Mais la barbarie de Dioclétien fut inutile ; Dieu sut en faire triompher ses martyrs et sa sainte Église, dont les persécuteurs ne tarderont pas à être punis sévèrement. A peine dix-huit mois s'étaient écoulés depuis le martyre de saint Gorgon, que Dioclétien, attaqué d'une maladie inconnue, qui lui ôta l'usage de la raison, fut forcé d'abdiquer l'empire en 305 ; il végéta pendant près de neuf ans dans sa retraite de Salone, où, furieux des progrès du christianisme qu'il avait voulu noyer dans le sang, il se laissa mourir de faim en 313.

Les deux autres empereurs qui, avec lui, persécutaient aussi les chrétiens, eurent une fin également malheureuse : Maximien Galère, chassé de l'Italie en 306, est bientôt attaqué d'une maladie honteuse et cruelle ; son corps n'est plus qu'une plaie ! il s'adresse alors au Dieu des chrétiens et publie un édit favorable à la religion ; mais il avait comblé la mesure, Dieu ne l'exauça pas et il mourut dans d'atroces douleurs en 311.

Enfin Maximien Hercule fut forcé d'abdiquer l'empire en 305 ; ayant voulu reprendre la pourpre en 306, il vit les soldats et le peuple se révolter contre lui. Chassé ignominieusement de l'Espagne, il se réfugia dans les Gaules, où Constantin le condamna à mort pour ses crimes : ce tyran s'étrangla lui-même dans sa prison. Telle fut presque toujours la fin déplorable des persécuteurs de la religion.

Dieu avait entendu la prière de son martyre saint Gorgon : les tyrans avaient disparu, et dix ans après, en 313, l'empereur Constantin, ayant vaincu le tyran Maxence, rendait la paix à l'Église, favorisait la religion, faisait marcher l'étendart du Christ, le Labarum, à la tête de ses armées, et bientôt après devenait chrétien lui-même : la croix lui était apparue !

CHAPITRE IV

Le corps de saint Gorgon, conservé miraculeusement, est transporté à Rome. — Honneurs qui lui sont rendus. — Une partie de son corps transportée en France et en Saxe, l'autre partie à Saint-Pierre de Rome. — Miracles.

Dieu, qui voulait honorer les corps de ses courageux martyrs, rendit inutiles les ordres barbares de Dioclétien : les animaux féroces auxquels on les avait jetés, non-seulement n'y touchèrent pas, mais encore les protégèrent contre les bourreaux, pour permettre aux chrétiens de leur donner une sépulture chrétienne. Dioclétien, l'ayant appris, avait ordonné de déterrer les corps saints et de les jeter à la mer ; mais, soit à prix d'argent, soit à force de prières, les chrétiens parvinrent à sauver le corps de saint Gorgon, qu'ils cachèrent en un lieu sûr où ils se réunissaient pour prier. Le manuscrit bénédictin du IXe siècle, cité et approuvé par Bollandus, affirme qu'aussitôt un grand nombre de miracles s'opérèrent sur la tombe du bienheureux martyr : beaucoup de malades qui l'avaient invoqué furent guéris, et plusieurs possédés du démon furent délivrés. Le bruit de ces prodiges accrut la foule des chrétiens qui venaient prier sur la tombe de saint Gorgon, non point tant pour obtenir des faveurs temporelles, que pour s'animer eux-mêmes au martyre. L'empressement augmenta encore à la chute de Dioclétien, et surtout lorsque le culte de Jésus-Christ et de ses saints put se produire au grand jour.

Rome, en sa qualité de mère et maîtresse de toutes les églises, voulut toujours posséder les reliques des saints les plus remarquables, afin de rappeler au monde que c'est de Rome chrétienne que découle toute sainteté et que part le signal de toutes les vertus et de tous les dévouements : il est juste que le chef de la sainte Eglise soit entouré d'un cortége de saints. Donc, Rome voulut posséder les reliques précieuses de l'illustre saint Gorgon. « Dans la suite des temps, dit le martyrologe d'Adon, « au IXe siècle, le corps du bienheureux Gorgon fut transporté « à Rome et respectueusement déposé en la Voie latine, entre « les deux lauriers. » Le martyrologe et le bréviaire romain s'expriment à peu près dans les mêmes termes ; le manuscrit bénédictin dit que cette translation eut lieu *quelques années après*, pendant que le corps de saint Dorothée fut transporté en Grèce.

C'est dans la première moitié du IVe siècle, vers 345, sous le pontificat du pape saint Jules Ier, que le corps de saint Gorgon fut transporté à Rome, puisque le martyrologe de Bucherius, composé par l'ordre du pape Libère, vers 355, fait mention de sa fête comme étant célébrée le neuf septembre, et de ses reliques comme étant vénérées en la Voie latine. Le pape saint Damase, qui succéda au pape Libère, en 366, et qui fit tant pour la construction et l'ornementation des églises, eut une grande dévotion à saint Gorgon, en l'honneur de qui il composa lui-même et fit graver une épitaphe conservée sur la pierre sépulcrale, à Rome, à Saint-Martin-aux-Monts; la voici :

> Martyris hic tumulus magno sub vertice montis
> Gorgonium retinet servat qui altaria Christi,
> Hic quicunque venit sanctorum limina quærat;
> Inveniet viciná in sede habitare beatos
> Ad cœlum pariter pietas quos duxit euntes.
>
> DAMASI EPIC.

C'est-à-dire: « Non loin du sommet de la montagne, cette « tombe de martyr contient le corps de Gorgon, qui protége « les autels du Christ. Le pèlerin qui vient ici pour visiter les « demeures des saints trouvera dans des tombes rapprochées des « bienheureux qu'une même piété a conduits à la même gloire « du Ciel. »

Dans le sacramentaire de l'Eglise romaine, attribué au pape saint Galase, qui occupait la chaire de saint Pierre en 492, on trouve un office propre en l'honneur de saint Gorgon, qui fut adopté, avec quelques additions, par le pape saint Grégoire le Grand, en 595. Dans cet office se trouvent textuellement les trois oraisons que nous récitons aujourd'hui à la messe du saint. Il y a donc plus de quatorze cents ans que l'Eglise chante cette prière que les pèlerins de saint Gorgon ont si souvent entendu réciter pour eux : « Seigneur ! que votre saint martyr Gorgon « nous réjouisse par son intercession et nous fasse jouir de sa « pieuse solennité ! »

Le corps de saint Gorgon, entouré de la vénération des Romains, demeura entier en la Voie latine jusqu'au milieu du huitième siècle, alors que saint Chrodegand, évêque de Metz, en obtient une grande partie du pape Paul Ier, pour être transportée en son diocèse, au monastère de Gorze. Cette translation offre des détails curieux ; nous croyons faire plaisir au lecteur en les traduisant textuellement d'un ancien manuscrit du dixième siècle cité et approuvé par le très-savant Mabillon. (IIIe siècle de son ordre (765) partie 2e).

En 760, sous le règne de Pépin le Bref, roi de France, vivait à Metz un saint évêque nommé Chrodegand, dont la vie était entièrement employée à la gloire de Dieu, à la glorification des Saints et au salut des âmes qui lui était confiées, le saint prélat fit bâtir près de la Moselle l'abbaye de Gorze, qui devint célèbre dans la suite des temps ; il la dota richement et lui accorda toutes sortes de priviléges, désirant enrichir son abbaye et son diocèse de trésors célestes ; il se rendit à Rome en 765, auprès du pape Paul Ier, qui lui accorda une grande partie des corps des saints martyrs Gorgon, Nabor et Nazaire. Sa prédilection pour saint Gorgon le détermina à réserver ses reliques pour sa chère abbaye de Gorze, où il avait choisi sa sépulture.

Les reliques des saints martyrs furent transportées de Rome avec la plus grande allégresse ; le saint évêque les accompagnait de son amour et de ses prières, à peine eût-on quitté l'Italie que des prodiges s'opérèrent en grand nombre en tous les lieux où les corps saints étaient déposés : ces miracles attiraient une immense multitude de fidèles qui les accompagnaient en priant et en bénissant le seigneur si grand dans ses saints !

« Le saint évêque passant à Orgaune, non loin du monastère de saint Maurice, résolut de demander l'hospitalité aux religieux qui s'en réjouirent beaucoup parce qu'ils espéraient conserver pour eux les reliques de saint Gorgon dont les miracles leur avaient été racontés. Donc, pendant que les pèlerins étaient endormis, ils ouvrirent la châsse de saint Gorgon, qu'ils refermèrent soigneusement après en avoir enlevé les reliques. Le lendemain le saint évêque s'étant remis en route sans se douter de la soustraction sacrilège, fut bien étonné qu'aucun prodige ne s'opérait plus malgré les prières adressées au saint martyr, et il demanda à ses compagnons si quelqu'un d'eux avait commis des péchés capables d'irriter le ciel, son étonnement cessa quand, à l'ouverture de la châsse, il reconnut qu'elle était vide !..... il serait impossible de peindre son désespoir !.... c'était des larmes, des prières, des malédictions même contre l'attentat sacrilége ! mais il ne se découragea point, et il résolut de se faire rendre justice à tout prix.

« En conséquence, il alla trouver le roi Pépin le Bref pour se plaindre des religieux de saint Maurice et obtenir par son autorité royale la restitution du corps saint. Pépin ordonna aux moines de saint Maurice d'avoir à restituer immédiatement les reliques de saint Gorgon sous peine de se voir enlever à eux-mêmes les reliques de saint Maurice et de ses compagnons ..... on voit quelle importance, en ces siècles de foi, on attachait à la possession des saintes reliques ! c'est qu'en effet c'est une grande protection pour les familles et pour les personnes ; c'est une grande leçon et un grand encouragement ; et c'est pour cela que nos pères des Croisades aimaient à porter sur leur poitrine la relique de quelque saint qu'ils s'étaient procurée souvent à grands frais.

« Muni de cet ordre royal et accompagné des Evêques de Trèves, de Verdun et de Tulle, saint Chrodegand recouvra les reliques de saint Gorgon qu'il plaça en une châsse très-riche qu'il fit porter solennellement devant lui, à peine le pieux cortége avait franchi le seuil du monastère que les miracles recommencèrent, un aveugle recouvra la vue après avoir invoqué le saint, à Warangeville, au diocèse de Tulle, une petite plante, près de laquelle avaient été déposées les saintes reliques, s'éleva tout à coup à la hauteur d'un arbre, ce qui engagea les habitants à édifier une belle Eglise en l'honneur du saint; à Mont-Véron, au diocèse de Nancy, deux possédés du démon furent subitement guéris après avoir fait vœu de consacrer une partie de leurs terres à l'Eglise du monastère érigée à la gloire de saint Gorgon.

« Précédées d'une réputation merveilleuse, les reliques de saint Gorgon arrivèrent enfin à l'abbaye de Gorze, où elles furent reçues avec une solennité extraordinaire et déposées dans une chapelle magnifiquement decorée; les pèlerins vinrent en foule invoquer la puissante protection du saint martyr, et leur confiance fut souvent récompensée par des faveurs signalées.

« Il y avait cinquante ans que les reliques de saint Gorgon étaient vénérées à Gorze, lorsqu'un Evêque saxon vint supplier l'Evêque de Metz de lui en accorder une partie pour son Eglise épiscopale de Minden. Ces reliques, qu'il obtint difficilement, il les transporta avec grande joie après les avoir renfermées dans une châsse très-riche et il les déposa en grande pompe dans sa magnifique cathédrale qu'il consacra à saint Gorgon, qu'il institua aussi le patron de son diocèse, il fit aussi composer un office propre pour célébrer la réception des saintes reliques de saint Gorgon, le 11 mars, sous ce titre : *Fête de la réception des saintes Reliques.* Le culte de saint Gorgon y devint très-solennel et la piété des fidèles si empressée que tous les actes de religion, toutes les cérémonies saintes et même les mystères sacrés furent placés sous l'invocation de saint Gorgon qui, là aussi, opéra un très-grand nombre de guérisons miraculeuses, comme le prouve une antienne que l'on y chantait en sa fête et que voici : « Ici, les divins mystères s'opèrent par le « ministère de saint Gorgon; par ses prières les aveugles « recouvrent la vue et les malades la santé. »

En 1052, l'église consacrée à saint Gorgon à Minden fut entièrement détruite par un incendie qui dévora toutes ses richesses et tous ses ornements, ainsi que les reliques de saint Gorgon, l'église fut rebâtie en 1062 et de nouveau consacrée à saint Gorgon dont les cendres du moins se trouvaient encore dans l'enceinte sacrée. Les instances des Evêques obtinrent plus tard une nouvelle relique de saint Gorgon, qu'y déposa, en 1173, Henri, duc de Brunswick, c'était une partie d'un bras du Saint que le duc avait obtenue à Rome et qu'il avait fait enchâsser dans l'or et orner de pierres précieuses. L'église de Minden cessa d'être épiscopale au xxvii͏ᵉ siècle après la paix de Westphalie, et la précieuse relique disparut sans doute quand le vandalisme protestant pilla et dévasta les églises d'Allemagne sous prétexte de les réformer.

Lorsqu'en 765, le pape Paul I͏ᵉʳ avait donné à saint Chrodegand la moitié du corps de saint Gorgon, l'autre moitié était restée à Rome en la Voie latine, continuant à recevoir le culte des pieux Romains. Vers 840, le pape Grégoire IV, si zélé pour la gloire des Saints, crut qu'un martyr aussi illustre que saint Gorgon méritait des honneurs plus grands encore dans la première église du monde. En conséquence, il ordonna de transférer les reliques de saint Gorgon de la Voie latine à l'église vaticane de Saint-Pierre. Voici comment Anastate le bibliothécaire raconte cette translation :

« L'amour divin, dont brûlait le cœur de Grégoire, l'engagea
« à élever en Saint-Pierre un oratoire décoré de peintures ma-
« gnifiques et des plus riches dorures, dans lequel il fit trans-
« porter les corps sacrés des saints martyrs, Sébastien, Gorgon
« et Tiburce, qui furent déposés chacun sous un autel parti-
« culier d'une richesse remarquable. » (Vie de Grégoire IV.)

C'est en cette magnifique basilique que saint Gorgon recevra désormais un culte digne de lui et c'était de là que quelques-unes de ses reliques furent envoyées plus tard aux oratoires élevés en son honneur.

Revenons maintenant aux reliques de saint Gorgon à Gorze et à notre manuscrit bénédictin que nous avons dû oublier quelque temps.

CHAPITRE V

Les reliques de saint Gorgon à Gorze. — L'église de Saint-Gorgon pillée par les Hongrois. — Ses reliques sauvées et de nouveau exposées au culte public. — Nouveaux miracles.

Les reliques de saint Gorgon demeurèrent paisiblement à Gorze jusqu'en 917, en cette année les Hongrois envahirent la Lorraine, où ils mirent tout à feu et à sang, pillèrent les églises et dévastèrent les couvents. Les religieux de Gorze se sauvèrent dans la ville de Metz emportant avec eux les reliques de leur saint patron qui furent déposées dans l'église de Saint-Sauveur.

Les Hongrois ayant évacué la Lorraine, les religieux retournèrent à Gorze ; mais quel spectacle s'offrit à leurs yeux ! l'église avait été profanée indignement et les animaux y avaient été logés !... les cloîtres étaient dévastés et le monastère en ruines !... des impies, des catholiques même s'étaient mis en possession des meilleures terres dont la piété des Evêques et des Princes avait doté ce saint asile !

Les religieux ne se contentèrent pas de pleurer sur ces tristes ruines; ils se mirent en devoir de les relever en commençant par le sanctuaire de saint Gorgon, mais où trouver les ressources néeessaires? Dieu et saint Gorgon y pourvurent. En effet, un jeune ecclésiastique très-riche, nommé Adalberon, étant venu visiter les ruines de Gorze, promit solennellement de tout remettre en état si Dieu le faisait un jour monter à l'épiscopat, il devint en effet Evêque de Metz, et il accomplit religieusement son vœu en restaurant splendidement l'église dédiée à saint Gorgon qu'il consacra de nouveau avec grande pompe entouré de son chapitre qui avait voulu rehausser par sa présence l'éclat de cette cérémonie expiatoire. Dieu montra combien cette démonstration religieuse lui était agréable, car un pauvre aveugle s'étant approché de la châsse de saint Gorgon et ayant invoqué à haute voix son intercession, recouvra subitement la vue en présence d'une foule immense qui cria au miracle et se prosterna à genoux avec son Evêque pour louer et remercier Dieu et saint Gorgon en mémoire de ce prodige ; Adalberon consacra au Saint son riche manteau pontifical.

Deux autres prodiges contribuèrent dans le même temps à la gloire de saint Gorgon : Un frère de l'évêque nommé Gozilin et le comte Boson. fils de Richard de Bourgogne, détenaient injustement plusieurs terres consacrées à saint Gorgon. Le premier reçut en songe la visite d'un vénérable vieillard, au por majestueux, et dout la figure rayonnuait d'un éclat éblouissant ; il venait exiger de la part de Dieu la restitution des biens usurpés, et ne disparut que quand elle fut promise. Le second, le comte Boson, plus obstiné, fut frappé subitement d'une maladie grave dont il ne fut guéri qu'après avoir restitué les terres détenues injustement. Il disait naïvement, après sa guérison : « En vérité, saint Gorgon est plus puissant auprès de Dieu que moi dans ma seigneurie ! »

Vers 930, l'evêque Adalberon voulut s'assurer si les reliques de saint Gorgon avaient été entièrement conservées, mais un tremblement subit de tout le corps l'empêcha de procéder à l'ouverture du reliquaire, quoiqu'il s'y fût préparé par un jeûne de trois jours : Dieu voulut montrer quelle vénération nous devons aux corps des saints qui ont été ses membres vivants sur la terre.

Un bourgeois d'Autun, muet de naissance, ayant sollicité et obtenu la faveur de passer la nuit dans la chapelle du saint, obtint subitement l'usage de la parole. Il racontait, devant la foule assemblée, qu'il avait vu comme une main sortir de la châsse du saint et venir couper le lien qui enchaînait sa langue, et il se mit à chanter les louanges de saint Gorgon ! S'étant mis, en retournant, dans une violente colère, il perdit l'usage de la parole qu'il ne recouvra qu'après avoir de nouveau recouru à saint Gorgon.

Un jeune homme de Montfaucon, en Champagne, était cruellement tourmenté par le démon, qui le torturait le jour et la nuit; pendant huit jours de suite, il vint se prosterner devant les reliques du saint, et il eut le bonheur d'être délivré de ce cruel ennemi.

Le manuscrit bénédictin raconte une quantité de prodiges opérés par l'intercession de saint Gorgon, à Gorze, de 925 à 950 surtout. Il cite un grand nombre de religieux subitement guéris, et en particulier un pauvre religieux réduit à toute extrémité, et rendu subitement à une santé parfaite par l'invocation de saint Gorgon.

Un jeune homme paralysé et entièrement courbé recouvra l'usage de ses membres après avoir été admis à baiser la châsse du saint.

Un général français, nommé Eberhard, se trouva subitement guéri après avoir invoqué saint Gorgon, et en reconnaissance, donna un riche manteau pour couvrir son reliquaire.

Saint Gorgon favorisa souvent ses amis fidèles à son culte en leur faisant connaître l'heure de leur mort et en leur adoucissant le terrible passage du temps à l'éternité. Souvent, aussi, les détracteurs de son culte, les impies blasphémateurs furent subitement attaqués de maladies inconnues ou accablés de divers fléaux qui ne cessaient qu'à leur sincère conversion.

En 954, les Hongrois, sous la conduite de Conrad, révolté contre l'empereur Othon, firent une seconde invasion dans la Lorraine, où de nouveau ils mirent tout à feu et à sang, sans respecter ni les églises ni les tombeaux des saints.

L'abbaye de Gorze et le tombeau de saint Gorgon étaient encore une fois menacés d'un pillage, lorsque le pieux abbé ordonna à ses religieux de venir avec lui se prosterner auprès des reliques du saint, et de le conjurer de prendre lui-même la défense de ses enfants. Saint Gorgon exauça cette prière fervente, et subitement les ennemis se retirèrent de devant le monastère, que déjà ils avaient assiégé. Plusieurs chefs racontèrent qu'ils étaient comme invinciblement repoussés quand ils songeaient à l'attaquer ; d'autres affirmaient que leurs chevaux s'arrêtaient et refusaient d'avancer malgré les éperons ; d'autres enfin prétendirent que sur les murs du monastère leur étaient apparu des guerriers célestes avec des armures terribles, comme autrefois à Sapor II sur les murs de Nisibe.

Dans la période qui s'écoula depuis cette époque jusqu'en 1080, plusieurs miracles s'opérèrent encore devant les saintes reliques : des aveugles recouvrèrent la vue, des boîteux furent redressés, des paralytiques retrouvèrent l'usage de leurs membres, des possédés furent délivrés du démon, des idiots revinrent à la raison, des infirmes et des malades furent guéris !..... Et tous ces prodiges s'opérèrent non en secret, mais en public, de manière à ne pouvoir être révoqués en doute, attestés qu'ils étaient par un très-grand nombre de spectateurs, et même par les savants dans l'art de guérir.

En 1088, la châsse du saint étant détériorée par le temps, l'abbé Henri en retira les reliques qu'il replaça dans une châsse nouvelle et plus précieuse ; il avait retrouvé intactes la tête et quelques parties du corps de saint Gorgon.

L'abbaye de Saint-Gorgon devait aussi subir les outrages des hérétiques, qui l'envahirent en 1542 et la livrèrent au pillage. Quelque temps après, des soldats sortis de Thionville y mirent le feu, et en 1552 elle fut entièrement détruite, avec sa magnifique église, par l'armée de Henri II, roi de France, qui venait de s'emparer d'une partie de la Lorraine.

Dans leur fuite précipitée, les religieux ne purent sauver la riche châsse de saint Gorgon, qui devint la proie des hérétiques mais ils emportèrent les saintes reliques, qu'ils sauvèrent à Pont-à-Mousson, au diocèse de Nancy, où elles furent l'objet d'un culte solennel jusqu'en l'année 1615. En cette année, elles furent solennellement reportées à l'abbaye de Gorze, qui avait été rebâtie en 1580, pour servir de collégiale à douze chanoines ; ces religieux dignitaires témoignèrent une grande joie à la réception du corps sacré du saint martyr, qui, pendant sept siècles, avait obtenu tant de faveurs signalées aux religieux et aux fidèles qui l'avaient invoqué en ce même lieu. Ils déposèrent ces reliques sacrées dans un très-riche reliquaire, en une chapelle de la nouvelle église, où elles reçurent un culte sacré jusqu'au moment où le vandalisme révolutionnaire vint les profaner et les disperser, comme il fit de tant d'objets sacrés. Heureusement Rome veillait sur l'autre partie du corps de Saint Gorgon : les siècles respectèrent le dépôt sacré protégé par l'ombre de saint Pierre, et ainsi nous pourrons encore retrouver en France des reliques de saint Gorgon !

CHAPITRE VI

Saint Gorgon honoré à Anor comme au diocèse de Cambrai. — Sa chapelle. — Priviléges qui lui sont accordés. — Pèlerinage. — Faveurs obtenues. — Reliques de saint Gorgon à Anor. — Procession annuelle. — Conclusion.

Le culte de saint Gorgon, qui attirait à Gorze tant de pèlerins de toutes les provinces voisines, dut nécessairement souffrir beaucoup de toutes ces guerres qui avaient plusieurs fois chassé les religieux et ruiné l'église élevée à la gloire du saint martyr, surtout depuis 1542 Le pèlerinage dut alors se ralentir et même cesser momentanément, pour cause d'impossibilité créée par les circonstances ; mais la confiance des chrétiens en saint Gorgon ne se refroidit pas ; les familles des anciens pèlerins continuèrent à l'invoquer au foyer domestique et dans leurs églises respectives jusque dans le Thiérache et une partie du Hainaut.

Les chrétiens d'Anor* se distinguèrent entre tous par leur piété envers saint Gorgon, dont ils firent sculpter une belle statue en bois doré, devant laquelle ils vinrent invoquer le saint martyr en un pélérinage, dont les archives incomplètes de la

---

* Anor est une commune rurale très-étendue d'une population de plus de 3,000 habitants, du canton de Trélon, à l'extrémité du département du Nord, contre l'Aisne, les Ardennes et la Belgique, (6 kilomètres de Trélon, 25 kilomètres d'Avesnes). Anor fut fondé en 1170 avec l'Eglise, par le Chapitre de Maubeuge à qui le pape Alexandre III, par sa lettre 469e, décide qu'il doit appartenir, le comte de Grand-Pré en était seigneur en 1349. L'Eglise est grande, bâtie à mi-côte, remarquable par son grand escalier en pierre bleue qui s'étend sur toute sa façade et sera très-belle lorsque, selon ses désirs, la municipalité toujours généreuse aura élevé la voûte de la nef principale, la tour actuelle date de 1824, époque de l'agrandissement de l'Eglise.

Anor était autrefois renommé par ses forges dont plusieurs sont encore en pleine activité, et par ses verreries qui ont entièrement disparu. Anor faisait partie de l'ancienne province du Hainaut au pouvoir des Espagnols; il avait alors un château-fort dont Turenne délogea les Espagnols en 1652 et qu'il rasa, il y avait dans un de ses hameaux un autre château-fort, La Lobiette, défendu pour le compte des Espagnols par Jacob de la Lobbe qui lui laissa son nom. Le général Rose qui voulut s'en emparer en 1651, fut obligé de lever le siége, mais le château fut par trahison livré à Caruel, commandant de la place d'Hirson, qui le détruisit entièrement. Anor est bâti sur les sources de l'Oise et le ruisseau de Bonfeu, sa ceinture de bois, ses étangs, ses collines boisées, ses vallées bien arrosées et ses maisons d'ardoises bâties en amphithéâtres irréguliers en rendent le site très-pittoresque.

paroisse ne nous permettent pas de préciser l'époque, mais que les anciens de la paroisse font remonter à des temps très-reculés et bien antérieurs à la création de la chapelle actuelle.

Nous ne savons si, aux seizième et dix-septième siècles saint Gorgon était honoré dans l'église paroissiale ou dans une chapelle séparée. Nous avons retrouvé la liste des curés d'Anor depuis 1650 ; mais nous n'avons rien découvert à cet égard, ni sous M. l'abbé Buniau, curé de 1650 à 1693. ni sous M. l'abbé Tandelont, curé de 1693 à 1694 ; mais sous M. l'abbé Pesseau, qui fut curé près d'un demi-siècle. de 1694 à 1740, la dévotion à saint Gorgon prit un tel accroissement que l'on sentit le besoin d'une chapelle digne de lui. Un bon chrétien, M. Antoine Goulard voulut en faire les frais, et en 1723 la chapelle de saint Gorgon s'éleva sur le plateau de la colline opposée à celle sur laquelle est bâtie l'église paroissiale. L'autel et le rétable sont en marbre très-bien conservé ; le rétable est surmonté, à droite et à gauche, d'ornements flamboyants en marbre doré et se termine par trois quarts de cercle, aussi en marbre. qui se réunissent pour former une couronne et supporter une boule emblématique surmontée de la croix. Dans ce rétable de morbra trois niches sont pratiquées : dans celle du milieu est placée la statue de saint Gosgon ; il a la tunique et la chaussure militaires, le manteau de chambellan rejeté en arrière ; sa main droite est sur sa poitrine. sa gauche s'appuie sur un gril, instrument de son supplice, sa tête nue est droite pour montrer sa sainte fierté, et ses yeux regardent le ciel, son espérance ! Dans la niche de droite on voit saint Druon, dont la statue est aussi très-ancienne : dans la niche de gauche se trouve la statue de saint Roch, qu'y fit placer en 1842 M. Baligand. le curé actuel.

Cette chapelle de M. Goulart ne comprenait guère que le chœur de la chapelle actuelle, elle demeura ainsi sous M. l'abbé Dusart, curé, six mois seulement en 1740, et sous les trente-huit premières années de M. l'abbé Degousée, curé de 1740 à 1784, mais la foule des pèlerins fit bientôt sentir la nécessité d'un agrandissement qui se fit en 1779, par la libéralité de deux dames nobles, Mme de Saint-Vincent et Mme d'Aguisy, libéralité inscrite sur une pierre qui se trouve au fronton de la chapelle. Cet agrandissement donna à la chapelle une nef et un porche.

Le pèlerinage devint alors beaucoup plus florissant, et sous M. *Fromont*, qui fut curé en 1784 jusqu'à la Révolution, on vit une multitude de malades et d'infirmes venir invoquer avec la plus grande confiance le secours du saint Martyr surtout dans leurs affections chroniques ; et si ces malades ne trouvèrent pas toujours la guérison, du moins ils ne retournèrent jamais sans avoir trouvé d'immenses consolations et reçu des grâces spirituelles, source d'un bien-être réel.

Pendant la Révolution voltairienne de 1789 et pendant la terreur surtout, le pèlerinage de saint Gorgon souffrit sans doute, mais il ne cessa pas entièrement. Saint Gorgon reçut toujours la visite de ses plus dévoués. Chose merveilleuse! les quelques sans-culottes d'Anor avaient brûlé les images des autres Saints, et ils n'osèrent toucher à celle de saint Gorgon! ils avaient chassés Dieu lui-même de son temple, et ils laissèrent saint Gorgon en possession de sa chapelle! en sorte que saint Gorgon vit tranquillement défiler devant lui les orgies des terroristes et des bonnets rouges. A nos yeux, se faire respecter de ceux qui ne respectent rien, ni même Dieu, ce n'est pas un petit miracle.

Le pèlerinage de saint Gorgon se reconstitua au grand jour avec ses processions solennelles, après le Concordat, sous M. le curé Tamson de 1803 à 1808, et sous M. l'abbé Roussel, qui tint la cure de 1808 à 1824. La foule des pèlerins s'accrut considérablement sous M. l'abbé Denis, ce curé bien-aimé dont la mémoire vivra toujours dans le cœur des habitants d'Anor où il ne pût rester que cinq ans, de 1324 à 1829, pour devenir quelque temps après archiprêtre et curé d'Avesnes. Il nous souvient avoir vu déposés à l'entrée de la chapelle un nombre considérable de béquilles, de bâtons de pèlerins infirmes, de bandelettes, de compresses et d'autres linges qui attribuaient leur guérison ou leur soulagement à saint Gorgon dont ils voulaient, par ces pieux dépôts, proclamer la puissance et la bonté. Ces naïfs témoignages de reconnaissance nous faisaient réfléchir, quoique bien jeune alors ; ils avaient un langage muet qui allait à notre cœur, qui nous faisait du bien à l'âme et nous ne sortions du béni sanctuaire que plein de confiance, qu'avec la résolution de devenir meilleur et de nous tenir ferme dans la foi à l'exemple et sous le patronage de saint Gorgon.

M. Wallez, qui fut curé d'Anor de 1829 à 1840, ne put toujours, comme ses prédécesseurs, faire la procession solennelle le dimanche dans l'Octave du Saint. Cette suppression fit perdre de son éclat à la fête de saint Gorgon. M. Raligand, le curé actuel depuis 1840, très-zélé pour la gloire du saint Martyr, résolut de donner à son pèlerinage solennel un lustre nouveau, non-seulement il obtint de rétablir la procession solennelle dans l'Octave, non-seulement il fut très-assidu à invoquer saint Gorgon sur les nombreux pèlerins qui se pressaient dans sa chapelle pendant l'Octave de sa fête, mais encore il sollicita pour le béni sanctuaire les faveurs spirituelles; le 25 juillet 1842, il obtenait de Mgr Giraud, archevêque de Cambrai, la permission de célébrer la sainte Messe en la chapelle de saint Gorgon le jour de sa fête, le 5 juillet 1844 ; Monseigneur étendait cette autorisation de dire la sainte Messe en la chapelle à tous les jours de l'Octave du Saint, et daignait gracieusement accorder *trente jours d'indulgence aux personnes qui, pendant l'Octave de la fête de saint Gorgon, assisteront aux messes qui seront célébrées dans la chapelle, ou seulement visiteront cette chapelle.* Cette faveur spiruelle augmentait l'importance du culte de saint Gorgon, et M. le curé voulut en témoigner sa joie par une restauration complète de la chapelle qui fut accomplie cette même année 1844.

Ce n'était pas assez pour le cœur du bon prêtre ami de saint Gorgon ; la chapelle du Saint lui paraissait toujours vide tant qu'il n'y verrait la présence réelle d'une parcelle au moins de son corps sacré. En conséquence, il se mit en rapport avec

Rome et en sollicita pour Anor une relique de saint Gorgon ; faisant droit à cette pieuse demande, le cardinal Patrizi, archiprêtre de la Basilique libérienne et vicaire-général de Sa Sainteté, daigna, le 4 février 1848, accorder à M. le Curé d'Anor quelques parcelles des ossements du martyr saint Gorgon qu'il renferma en une petite boite argentée, fermée par un cristal et scellée de son sceau. La signature du cardinal Patrizi fut authentiquement reconnue par Son Eminence le cardinal Giraud, archevêque de Cambrai, qui permit d'exposer à la vénération publique lesdites reliques de saint Gorgon. Pénétré de reconnaissance pour le précieux trésor dont le ciel le mettait en possession, M. le curé Baligand reposa les reliques sacrées sur un coussin de velours enfermé dans une châsse gothique en cuivre doré que les jeunes gens d'Anor se disputent l'honneur de porter en triomphe aux processions solennelles.

C'est bien à vous, jeunes gens d'Anor ! oui, oui, portez en triomphe le noble chrétien qui méprisa les biens et les honneurs de ce monde pour mériter les honneurs et les biens de l'éternité !.... Portez en triomphe le généreux confesseur qui sut encourir la disgrâce des princes de la terre pour conserver sa foi et l'amitié du roi du ciel !... Portez en triomphe le courageux Martyr qui sut sacrifier la vie de son corps pour conserver la vie de son âme, pour rendre à son Dieu un témoignage d'amour et cimenter la religion par son sang !... portez-le en triomphe, jeunes gens d'Anor ! de ses reliques sacrées sortira une vertu vivifiante accompagnée de sublimes encouragements !

CONCLUSION.

En terminant nos recherches historiques sur saint Gorgon, nous comprenons bien mieux encore cette parole que notre plume a rencontrée en commençant : L'histoire des saints est une grande et magnifique prédication !... A mesure que nous le connaissions mieux, saint Gorgon nous apparaissait plus beau, plus saint, plus héroïque, et la religion qui l'inspirait plus grande, plus parfaite, plus divine !... En écrivant, nous sentions notre foi s'affermir, notre espérance grandir, notre amour s'enflammer, et notre volonté s'affermir dans le bien. Nous exprimons le vœu que ces sentiments soient partagés par ceux qui liront cet écrit, c'est-à-dire par tous les habitants d'Anor et par tous les pieux pèlerins qui tous voudront le posséder comme un précieux souvenir à reporter dans leurs familles.

Que la chapelle de Saint-Gorgon s'embellisse et s'agrandisse encore pour faire place aux nombreux pèlerins, qu'une cloche s'élève dans les airs pour appeler à la prière dans l'oratoire du saint, que saint Gorgon soit tous les jours mieux connu et plus aimé, que cette connaissance et cet amour du saint martyr conduisent à l'accomplissement sincère de tous les devoirs de la vie chrétienne. Voilà notre dernier vœu. Si Dieu, Dieu si bon, daigne le réaliser, même en partie seulement, nous serons assez récompensés !

GLOIRE A DIEU !
AMOUR A SAINT GORGON !

TABLE DES MATIÈRES

Pages.

CHAPITRE I. 8

Premières années de saint Gorgon. — Etat de la religion. — Il devient chambellan de l'empereur Dioclétien. — Ses vertus. — Son zèle pour la foi.

CHAPITRE II. 14

Dixième et terrible persécution général contre les chrétiens. — Courage de saint Gorgon. — Dioclétien le fait jeter en prison.

CHAPITRE III. 21

Réponses courageuses de saint Gorgon. — Il est condamné à être battu de verges, puis à être brûlé vif. — Son courage surhumain. — Sa mort — Barbarie de Dioclétien.

CHAPITRE IV. 26

Le corps de saint Gorgon, conservé miraculeusement, est transporté à Rome. — Honneurs qui lui sont rendus. — Une partie de son corps est transportée en France et en Saxe. — L'autre partie à Saint-Pierre de Rome. — Miracles.

CHAPITRE V. 33

Les reliques de saint Gorgon à Gorze. — L'Eglise de saint Gorgon pillée par les Hongrois. — Ses reliques sauvées et de nouveau exposées au culte public. — Nouveaux miracles.

CHAPITRE VI. 38

Saint Gorgon honoré à Anor au diocèse de Cambrai. — Sa chapelle. — Priviléges qui lui sont accordés. — Pèlerinage. — Faveurs obtenues. — Reliques de saint Gorgon à Anor. — Procession annuelle.

CONCLUSION. 44

LILLE. — IMP. VANACKERE.

www.ingramcontent.com/pod-product-compliance
Lightning Source LLC
Chambersburg PA
CBHW060940050426
42453CB00009B/1101